EXTRAIT

DES REGISTRES DU CONSEIL

SUPÉRIEUR DE PONDICHERY.

Du neuf Janvier, mil sept cent quatre-vingt-treize.

VU par la Cour, extraordinairement assemblée, trois arrêtés de l'Assemblée coloniale, sanctionnés par M. le Représentant du Roi, le 29 Septembre dernier : ainsi que les clauses et conditions des Baux des nouvelles Fermes pour les droits d'entrées par terre et par mer, pour ceux d'entrée sur le Tabac et Bétel, et pour les droits d'étalonage, remis par M. le Président sur le bureau à l'effet d'y être enregistrés ; ouï Mre Reynaud, Conseiller Assesseur, en son rapport, et les conclusions du Procureur général du Roi.

TOUT CONSIDÉRÉ ; la Cour a ordonné et ordonne que lesdits trois arrêtés de l'Assemblée coloniale de cette ville, ainsi que les clauses et conditions des Baux des nouvelles Fermes, seront enregistrés sur les registres de la Cour pour être exécutés suivant leur forme et teneur, lus, publiés et affichés en langue Française et Malabare, dans tous les lieux accoutmés de cette ville, que copies d'iceux seront envoyés dans tous les Tribunaux du ressort de la Cour, et au Tribunal de la Chaudrie de cette ville, pour y être également lus, publiés et affichés à la diligence du Procureur général du Roi qui sera tenu d'en certifier la Cour.

SUIT LA TENEUR DESDITS ARRÊTÉS.

ASSEMBLÉE COLONIALE

DE PONDICHERY.

Séance des 26 et 27 Décembre 1792.

L'ASSEMBLÉE COLONIALE de Pondichery délibérant sur l'objet des Fermes, et ayant pris connaissance des registres de délibérations de la précédente

Assemblée coloniale, a reconnu que cette Assemblée avait été prévenue, par M. le Commissaire civil, du prochain renouvellement des baux de différentes Fermes, et invitée à examiner la forme et la teneur des anciens Baux, Réglemens et Tarifs de 1789; afin de proposer les changemens et modifications qui, sans diminuer le revenu National, pourraient soulager les citoïens, faciliter d'avantage le commerce, et rendre les perceptions moins susceptibles d'inconveniens et d'abus.

Qu'elle s'était fait représenter à cet effet les Baux des Fermes des droits d'entrée par mer et par terre, du Tabac et Bétel et de l'étalonage, dont le renouvellement doit avoir lieu le premier Janvier 1793. Que l'Assemblée ayant apperçu, par l'examen de ces différens Baux, l'utilité et l'avantage de plusieurs changemens et modifications, et que désirant réunir le plus de lumières possible pour y parvenir, elle avait formé un Comité composé de cinq de ses membres, et cinq autres citoïens de la Colonie, qu'elle avait chargé de lui faire un rapport motivé et de lui présenter un projet de Tarif.

Qu'ayant ouï le rapport de son Comité, et vu le projet de Tarif et Réglemens sur les droits d'entrée par mer et par terre, et les droits à imposer sur le Bétel et Tabac; et délibérant sur leur contenu, après un mûr examen de tous les objets relatés, et après y avoir apporté elle même les modifications qu'elle avait jugé nécessaires; elle a fait parvenir son opinion à l'administration qui l'a adopté.

L'Assemblée coloniale considérant que toutes les dispositions prises par la précédente Assemblée sur l'objet des Fermes ont été très sages.

Considérant l'indispensable nécessité de conserver les droits établis, (sauf les modifications adoptées) pour fournir au Trésor les moyens de subvenir aux dépenses.

Considérant, que le nouveau mode de perception est préférable à l'ancien, par cela seul qu'il est plus avantageux au commerce et aux citoïens.

Considérant, que l'abolition de l'entrepôt rend la perception plus aisée, en même temps qu'elle diminue les entraves dont le commerce s'est plaint.

Considérant, que l'exemption des droits sur les marchandises fabriquées dans la ville et banlieue de Pondichery, doit y attirer un plus grand nombre de Tisserands, et contribuer par là à faire fleurir d'avantage son commerce.

Considérant, que la diminution de deux et demi pour cent de droits sur les grains, et les diverses réductions sur les autres denrées de premiere nécessité soulagent en général tous les consommateurs, sans néanmoins exposer le Trésor à une moindre recette, puisque ces diminutions seront balancées par l'abolition de l'entrepôt, et par l'augmentation des droits sur quelques objets de luxe et de moindre utilité.

Considérant, que la liberté accordée pour l'exploitation, culture et vente du Bétel et du Tabac, et la diminution du droit d'entrée sur ces deux objets ne peuvent qu'être agréable aux habitans.

Considérant enfin, que tous les changemens et modifications présentées par les nouveaux Tarifs tournent tant à l'avantage du Trésor qu'à celui du public.

L'Assemblée coloniale déclare qu'elle adopte les nouveaux Tarifs dans tout leur contenu.

En conséquence à arrêté et arrête que les droits d'entrées sur les marchandises et denrés venant par mer et par terre, les droits sur le Bétel et Tabac, et le droit d'étalonage seront perçus par qui de droit, et payés par tous propriétaires quels qu'ils soient, et par toute personne sans exception, aux termes des réglemens, pendant la durée des Baux des Fermes desdits droits, qui seront renouvellés le premier Janvier 1793, sur le pied fixé par les Tarifs dont suit la teneur; dérogeant à cet égard a toutes Loix et réglemens à ce contraire.

TARIFS

Des Droits d'entrée qui se payeront tant par mer que par terre, à la Douane nationale de la ville de Pondichery

S A V O I R :

Toutes marchandises, denrées et autres objets quelconques, qui entreront tant par mer que par terre, excepté les marchandises d'Europe, celles du crue des Isle de France, de Bourbon, Seychelles, Rodrigues et Deigo Garcia, apportées par les vaisseaux français, payeront les droits d'entrée ci-après fixés, à compter du premier Janvier 1793, époque à laquelle toute espece d'entrepôt sera aboli.

DÉNOMINATION

Des objets affujettis aux Droits d'entrée par mer & par terre.

TAUX DU DROIT.

Deux pour cent.

Sur les Grains de toute espece, soit qu'ils se pesent, soit qu'ils se mesurent.

PAR MER SEULEMENT.

Un pour cent.

Sur les mouchoirs de Paliacate et de Madrast, sur les toiles de coton de 12 à 40 conjans et autres toiles, chittes, bétilles, guingans et pagnes de la côte d'Orixa, mouchoirs et guingans de Masulipatam, Vintépaleon et Narpelly ; et enfin toutes marchandises de coton fabriquées à la côte d'Orixa venant par mer, depuis Gamjam jusques et compris Vintépaleon et Narpelly.

PAR MER ET PAR TERRE.

Deux pour cent.

Sur toutes les autres especes de toiles de coton, mouchoirs et mousselines ; et enfin, toutes marchandises de coton, excepté celle de la côte d'Orixa, de Paliacate et de Madrast entrant par mer désignées ci-dessus, et celles fabriquées à Pondichery, dont il sera parlé ci-après.

N É A N T.

Les toiles de coton de tout genres fabriquées dans la ville et fauxbourg de Pondichery, ne payeront point le droit d'entrée, et cela pour encourager le Manufacturiers, et attirer les Tisserands ; entendant par faux-bourg les Aldées d'Archivac, Ariancoupan, Oulgaret, Charonne, Pacamapet, Pondoupaléon, Olandé, Alancoupan, Mouroungapacom, Calapet, et autres petites Aldées formant le territoire de Pondichery, et qui sont soumises aux droits d'entrées et aux réglemens particuliers sur l'objet du Bétel et du Tabac : mais seront lesdits Tisserands tenus de faire apposer à chaque piece sur le métier la Chape de la Douane, au moïen dequoi toutes les pieces qui ne seront pas chapées payeront le droit d'entrée de deux pour cent.

(5)

Par mer et par terre.

Cinq pour cent.

Sur l'Araque de Batavia, de Colombo et autres venant de dehors, et les liqueurs fortes de toute espece fabriquées dans l'Inde, sauf le remboursement ci-après indiqué.

DÉNOMINATION

Des objets assujettis aux droits d'entrée.

TAUX DU DROIT.

Par mer et par terre.

Néant.

L'Indigo commun, servant à la teinture des toiles, sera exempt des droits, et ce pour favoriser cette branche d'industrie, mais ne pourra sortir sans un permis.

Par mer et par terre.

Deux pour cent.

Sur le coton filé et en bourre, et soumis à un permis pour la sortie.

PAR MER ET PAR TERRE.

Sur les Articles nommés ci-après

S A V O I R :

Cinq pour cent.

Chaye	Salep.	Gommes.
Canelle.	Gérofle.	Meubles neufs.
Essences.	Benjoin.	Porcelaines.

A 3

Encens.
Aloiès.
Nacre.
Éléphant.
Cardamon.
Muscade.
Eau de senteur.
Mirre.
Bois de Sandal.
Marqueterie.
Sagou.
Massis.
Camphre.
Musc.
Yvoire.
Châles de laine.
Sucre en pierre.
Les Bijouteries et dorures
  d'Europe déssinés

Ambre.
Écaille.
Chevaux.
Sucre en pains.
Noix d'Arec entieres et
  coupées de toutes especes.
Thé.
Èventails.
Soie écrue.
Bijouterie d'Europe.
Chocolat.
Cuirs et Peaux.
Rhubarbe.
Bas de soie de Chine.
Vernis.
Soie teinte.
Confitures diverses.
Dorure d'Europe.
Vif - argent.

Étoffes de soie.
Opium.
Lacque.
Indigo fin.
Jambons.
Instrumens de musique.
Sel étranger.
Nankins.
Joncs.
Étoffes de soie et coton.
Verroterie.
Pagnes Malagaches.
Cochenille.
Cornichons.
Squines et Voitures neuves
  comme Carosses, Phaëtons,
  Caleches , Palanquins et
  Chaises à porteur

Ci-dessus sont celles qui viendraient de l'étranger par terre, ainfi que par mer sur les vaisseaux étrangers, et non les joyaux et bijoux Indiens, esquels sont exempts des droits.

Par mer et par terre.

Deux pour cent.

Sur toutes autres especes de marchandises et denrées quelconques non dénommées dans les articles précédens, celles d'Europe exceptées.

Par mer et par terre.

Cinq pour cent.

Sur toutes marchandises et denrées d'Europe , d'Afrique d'Amérique venant de l'étrangers par terre, ou apportées par des vaisseaux étrangers.

Par mer.

Casuel.

Sur toutes marchandises et denrées vendues en rade, et livrées de bord-à-bord, et sur celles embarquées en rade de bord-à-bord pour le même propriétaire la moitié du droit d'entrée qu'elles auraient payées, ces ventes et transbordemens seront exempts du droit de Magamé.

Outre les droits ci-dessus, les Naturels du pays, Malabars, Maures, Persans, payeront un pour cent de droit de Magamé sur tout ce qu'ils feront entrer par terre et par mer. La perception, répartition et application du produit de ce droit de Magamé se fera comme par le passé, et l'état de distribution continuera à être visé et signé par M. l'Ordonnateur ou Directeur général de la Colonie.

Le Tabac et Bétel, l'Araque paté et le Callou, étant mis en fermes particulières, ne payeront aucun des droits d'entrées du présent tarif.

Les Perles, Corraux, Pierreries, matieres d'or et d'argent en nature et en monnoie ne seront sujets à aucun droit.

Tous les animaux servant à la nourriture comme bœufs, vaches, moutons, cabrils, cochons, volailles et gibiers quelconques, seront exempts de tous droits

Les droits établis par le présent Tarif seront perçus sur toutes les marchandises et denrées qui sont assujettis, quels qu'en soient les propriétaires sans aucune exception.

La perception de tous les droits quelconques se fera sur le prix courant de la place réduit de vingt pour cent : cette réduction ne sera que de cinq pour cent sur les graines de Palma Christi, de Gengely et d'Illipé, et tous les droits seront payés par les vendeurs ou propriétaires.

Toute difficulté et contestation sur l'évaluation de marchandises et denrées, et sur le calcul des droits, sera soumise à la décision de quatre arbitres, dont deux choisis par le propriétaire des objets, et deux par le Receveur des droits, lesquels arbitres auront pouvoir de nommer un sus arbitre pour terminer le différent, s'il ne sont pas d'accord entre eux, et leur décision sera exécutée sans appel.

Le droit d'entrée sur les araques et autres liqueurs fortes de l'Inde, étant fixé à cinq pour cent, pour favoriser la vente des eaux de vie de France ; il sera remboursé le demi droit, c'est-à-dire, deux et demi pour cent à celui qui prouvera la sortie par mer des mêmes araques et autres liqueurs fortes de l'Inde, et cela pour faciliter le commerce de ces objets ; les deux et demie pour cent à rembourser seront pris sur le prix courant de la place, du jour de la sortie, réduit de vingt pour cent.

L'abolition de l'entrepôt assujettissant le commerce à payer des droits sur des objets qui ci-devant en étaient exempts, le droit de deux et de cinq pour cent sur plusieurs de ces objets qui forment une partie des cargaisons pour France, lui seraient trop onéreux, en même temps qu'il borneraient l'exportation ; en conséquence, et pour la faciliter, il sera^s remboursé (sur le poivre, salpêtre, cauris, coton en bourres, rotins, bois de teintures, sucre en poudre, bois d'ébène, tamarin, café, et sur le gérofle, canelle, benjoin, indigo fin, nankins, thé, la lacque et les soies écrues), à celui qui en prouvera la sortie et le chargement sur vaisseaux pour France, la moitié du droit auquel ces objets sont soumis, et ce remboursement du demi droit se calculera sur le prix courant de la place du jour de l'envoi, réduit de vingt pour cent.

On ne percevera point de droits sur les cuivres mis en œuvre, excepté sur celui qui viendra de la côte Malabare, de Surate, Mascate, du Bengale et de Bassora, qui est regadé comme marchandises, et payera le droit d'entrée de deux pour cent, ainsi que celui de Moka et de Jeddu.

La chaux, les coquillages servant à faire la chaux, la brique, les corraux de pierre, la pierre de taille, ni le bois à brûler, le charbon et autres chauffages, comme bouse de vache, feuilles de palmiers, cocotiers et autres de même nature, ne payeront aucun droit d'entrée.

Il n'en sera point perçu non plus sur les productions du sol des Aldées d'Archivac, Ariancoupan, Oulgaret, Charoune, Pacamapet, Pondaupaleon, Olandé, Alancoupan, Mouroungapacom, Calapet et autres petites Aldées formant le territoire de Pondichery en 1778.

Toute marchandise introduite en fraude sera confisquée et vendue, et le produit de la vente payé moitié à la Douane, moitié au Trésor national.

Toute marchandise faussement déclarée sera soumise au quadruple droit, dont moitié pour la Douane, moitié pour le Trésor national.

Toutes contestations entre les Douaniers et les Propriétaires pour faits de fraude et fausse déclarations entrainant confiscations et amende seront portées aux Tribunaux, et jugée de manière à éviter les retards nuisibles au commerce que pourraient occasioner les formes ordinaires.

TARIF DES DROITS SUR LE TABAC ET BÉTEL.

La culture du Tabac et Bétel, leur exploitation et vente seront libres désormais à tous le monde, même à l'adjudicataire de la Ferme, en payant au Fermier les droits ci-après fixés.

S A V O I R :

Un fanon un quart pour chaque paquet de bétel de mille feuilles.

Trois fanons par chaque touque de tabac, ladite touque de trois livres et demie.

TARIF du Droit d'Ètalonage.

L'Adjudicataire ne sera que Receveur des droits ci-après détaillés, qu'il est autorisé à prendre annuellement sur les poids et mesures qui sont présentées à l'étalonage.

SAVOIR:

              Fanons

Par chaque marcal de dix mesures	5
Par chaque dito de quatre dito	2
Par chaque double mesure	1
Par chaque mesure . . . . , . .	demi.
Par chaque demie mesure	un quart.
Par chaque quart de mesure	un huitieme.
Par chaque huitieme de mesure ou magani .	un seizieme.
Par chaque serre pour l'huile	un quart.
Par chaque demie serre	un huitieme
Par chaque quart de serre	un seizieme.
Par chaque huitieme de serre	un trente-deuzieme
Par chaque poid, grand ou petit, depuis 50 livres jusqu'à un quart de pagode	1
Pour les poids de romaine à la mode du pays	1

Arrête de plus que le présent sera porté par son Président au Représentant du Roi dans la Colonie, pour le prier de le revêtir de sa sanction, et de le faire promulguer.

Par L'ASSEMBLÉE COLONIALE de Pondichery.

          Signé PIERRE COULON.
              Préfident.

COLLONDONT
Secrétaire.

Je consens et ferai exécuter provisoirement selon sa forme et teneur.
A Pondichery le 29 Décembre 1792.

    Signé CAMILLE LE CLERC DE FRESNE.
                A

ASSEMBLÉE COLONIALE

DE PONDICHERY.

Séance des 21 22 24 26 et 27 Décembre 1792.

L'ASSEMBLÉE COLONIALE de Pondichery s'étant fait représenter les Baux des Fermes de la Colonie, qui vont être renouvellés au premier Janvier 1793, ainsi que les Lettres-Patentes du Roi du moi de Février 1776, pour régler les matieres dont la connaissance exclusive doit être attribué aux Administrateurs; ouï le rapport de ses Commissaires, chargés de suivre le travail et l'adjudication desdites Fermes.

Considérant, que d'après les principes de la Constitution, les fonctions administratives sont incompatibles avec celles de Gouverneur de la Colonie.

Considérant, que l'Assemblée Nationale par son Décret instructif du 15 Juin 1791, sur l'organisation des pouvoirs dans les Colonies, indique un mode d'administration des revenus publics convenables aux localités générales des Colonies.

Considérant, que l'Assemblée ne peut encore dans ce moment statuer d'une manière définitive sur le mode d'administration des revenus de la Colonie, et qu'il est cependant instant de statuer sur le mode le plus convenable de perception desdits revenus.

Considérant, que l'attribution faite par les Lettres-Patentes du Roi du mois de Février 1776, aux Administrateurs, de la connaissance exclusive, et privativement à tous juges, des contestations relatives aux droits Domaniaux, Seigneuriaux, et aux droits et impôts établis sur les habitans, le commerce et la navigation ; et à toute imposition quelconque, contraire aux principes de la Constitution et aux Décret de l'Assemblée Nationale, en ce que les Citoïens sont par cette attribution, distraits des Juges que la Loi leur assigne.

Considérant, que cette attribution est encore vicieuse, en ce que les fonctions de juges sont incompatibles avec celles d'administrateurs.

Considérant, qu'il est également instant d'envoyer à des arbitres et aux juges ordinaires, pour l'avantage du commerce et de tous les Citoïens, la connaissance des contestations qui peuvent naître, sur les droits Domaniaux, Seigneuriaux, droits et impôt établis ou qui pourraient être établis sur les habitans, le commerce et la navigation, et sur toute imposition quelconque; et que vu le peu de tems qui doit s'écouler jusqu'à l'organisation des pouvoirs dans la Colonie, la connaissance des autres matieres attribuées aux Administrateurs par lesdites Lettres-Patentes, doit leur être laissée.

Considérant, enfin, qu'il est également d'un avantage général, que ces contestations soient jugées sommairement par le Conseil-Supérieur de cette ville, jusqu'à l'organisation de l'ordre judiciaire.

En conséquence, l'Assemblée a arrêté et arrête, provisoirement et jusqu'à l'organisation de la Colonie, que le Directeur général d'administration, ou l'Ordonnateur, qui en fait les fonctions, sera seul chargé de passer les Baux, de tous les revenus nationaux, assisté du Contrôleur de la Marine, et en présence des Commissaires de l'Assemblée, de faire crier les Fermes desdits revenus, et d'en faire l'adjudication, aux clauses et conditions approuvées par l'Assemblée coloniale.

Déclare qu'elle approuve les clauses et conditions ci-annexées, des Baux, des Fermes des droits d'entrée par terre et par mer, du Bétel et Tabac, et du droit d'étalonage, lesquels seront promulguées en même temps que le Tarif de ces divers droits; déclare qu'elle approuve aussi les clauses et conditions des Baux des Fermes de l'araque paté, des cocotiers de la ville et ban-lieue de Pondichery, des palmiers du côteau, du territoire de Calapet et le champ de Mars, lesquelles Fermes sont en criées, et doivent être renouvellées au premier Janvier 1793: et ce, en dérogeant à toutes Loix et Réglemens à ce contraire.

Déclare que, conformément aux principes de la Constitution établis par l'article IV du Chapitre V, de l'Acte constitutionnel sur l'ordre judiciaire, elle abroge les dispositions de l'article premier des Lettres-Patentes du Roi du mois de Février 1776, pour régler les matieres dont la connaissance exclusive doit être attribuée aux Administrateurs, qui portent: « Seront jugés par nos Gouverneurs, ou Commandans géné-
« raux, et Intendans ou Ordonnateurs en commun, et en cas de mort ou
« d'absence, par les Officiers qui les remplaceront, privativement à tous

Juges les contestations relatives aux droits Domaniaux, Seigneuriaux, aux droits et impôts établis sur les Habitans, le commerce, la navigation et toute imposition quelconque.

Arrète que ces contestations seront d'orénavant jugées par des arbires, ou portées directement devant le Conseil Supérieur de cette Colonie, our être jugées sommairement en premier et dernier ressort, et sans frais e procédure.

Arrête, que toutes autres matieres, dont la connaissance est attribuée ux Administrateurs par lesdites Lettres-Patentes, et qui ne sont point brogées par le présent arrété, seront comme par le passé portées evant eux.

Arrête de plus, que le présent sera porté par son Président au Représntant du Roi dans la Colonie, pour le prier de le revêtir de sa sancon, et de le faire promulguer.

PAR L'ASSEMBLÉE COLONIALE de Pondichery.

Signé PIERRE COULON.

Préfident.

COLLONDONT.

Secrétaire.

Je consens et ferai exécuter provisoirement selon sa forme et neur.

A Pondichery le 27 Décembre 1792.

Signé CAMILLE LE CLERC DE FRESNE.

ASSEMBLÉE COLONIALE
DE PONDICHERY.

Séances des 27 et 28 Décembre 1792.

L'Assemblée coloniale délibérant sur l'exposé d'un de ses membres qu'il pourrait s'élever des contestations entre les Fermiers des revenus nationaux et les Agens des Puissances étrangeres, et que ce cas n'a pas été prévu par son arrêté de ce jour, qui renvoie la connaissance des contestations entre les Fermier et les Contribuables au Conseil Supérieur de cette ville, a reconnue qu'il était nécessaire de s'occuper sur le champ de cet objet, a arrêté qu'il y avait urgence, et après discussions et délibérations, a arrêté et arrête.

Que la connaissance des contestations qui pourraient s'eléver entre les divers Fermiers des revenus nationaux, et les Agens ou Préposés des Puissances étrangeres, pour faits de leurs Fermes, seront renvoyés comme ci-devant, à la décision de M. le Représentant du Roi dans la Colonie.

Arrête de plus, que le présent arrêté sera porté de suite à M. le Gouverneur, qui sera prié de le revêtir de sa sanction.

Par L'ASSEMBLÉE COLONIALE de Pondichery.

Signé PIERRE COULON,
Président.

COLLONDONT
Secretaire.

Je consens et ferai exécuter provisoirement le présent arrêté selon sa forme et teneur.

A Pondichery le 29 Décembre 1792.

Signé CAMILLE LE CLERC DE FRESNE.

COLONIES.

PONDICHERY, 1792

Clauses & Conditions convenues pour les Fermes des droits d'entrée par mer et par terre.

ARTICLE PREMIER.

Les Fermes des droits d'entrée par mer et par terre seront données pour trois années consécutives, à compter du premier Janvier 1793, jusqu'à et compris le trente-un Décembre 1795.

Les adjudicataires de ces deux Fermes ne pourront être regardés et reputés Fermiers qu'ils n'aient présenté des cautions bonnes et valables, avec hypothéque sur des immeubles, et que les cautions n'aient été acceptées par M. l'Ordonnateur ou Directeur général de la Colonie, en présence des Commissaires de l'Assemblée coloniale, et du Contrôleur de la Colonie; lesdites cautions seront solidaires dans leurs personnes, et dans leurs biens pour le payement du prix de l'adjudication, au cas que les Fermiers manquent à leurs engagemens.

Les payemens de ces Fermes se feront en roupies de Pondichery, en quatre termes égaux de trois mois en trois mois entre les mains du Trérier de la Colonie.

I I.

Les Fermiers des droits d'entrée par terre et par mer, percevront les droits fixés par le Tarif ci-après, sur toutes les marchandises et objets qui doivent y être assujettis.

TARIF des Droits d'entrée etc.

I I I.

Les Faux-bourg de Pondichery seront assujettis aux mêmes droits d'entrée, établis par le présent Tarif. Entendant par Faux-bourg les Aldées d'Archivac, Ariancoupan, Charonne, Pacamapette, Pondoupaleon, Olandé, Alancoupan, Mouroumgapacom, Calapet et autres petites Aldées qui en dépendent, formant le territoire de Pondichery, et sont soumises aux droits d'entrée et réglemens sur l'objet du Bétel et Tabac.

I V.

Tous les calculs pour l'évaluation des objets et la perception des droits se feront en roupies de Pondichery, au cours du change du jour du calcul.

V.

Par l'abolition de l'entrepôt, les toiles de coton ne pouvant se trouver en ville sans avoir payé les droits, les propriétaires ne seront tenus à faire apposer la chappe de la Douane, que dans le cas énoncés aux deux articles suivant

V I.

Les toiles de coton, qui une fois entrée, tant par mer que par terre, et ayant payé les droits, seront dans le cas de sortir de la ville pour recevoir teinture en bleu, blanchissage, ou autre main d'œuvre quelconque, seront marquées de la chappe de la Douane : afin qu'au moïen de cette chappe elles puissent, sans aucune difficulté et sans risquer la demande des droits, rentrer librement dans la ville. Les chefs de la Douane seront tenus, à cet effet, d'avoir un nombre suffisant de chapeurs, pour éviter tout retard aux propriétaires desdites toiles ; et ne pourront lesdits chefs de la Douane se dispenser, sous aucun prétexte de faire apposer la chappe dans les vingt-quatre heures, à compter de l'instant qu'ils en seront requis, sous peine de domages et intérêts envers les propriétaires, proportionnés au retard qu'ils auront éprouvé, et à la perte que ce retard aura pu leur occasionner ; et quant aux toiles avariés qui exigent une prompte bonification, le Douanier ne pourra sous aucun prétexte les empêcher d'être portées à la blanchisserie, hors la ville, sitôt leur débarquement, et la déclaration lui en sera faite ; sauf à lui à prendre les précautions qu'il croira convenables.

V I I.

La même obligation pour l'apposition de la chappe, aura lieu en faveur des Tisserands de la ville et faux-bourgs, dont il est parlé dans le Tarif.

V I I I.

Quoique l'entrepôt soit aboli, il est des cas où il serait injuste d'exiger des droits sur les marchandises mises à terre, tel est celui de la relâche forcée, qu'un Capitaine, non destiné pour Pondichery, peut se trouver obligé d'y faire, soit pour cause d'avaries sur son vaisseau ou à sa cargaison, soit pour autres motifs de force majeure. Dans ce cas, le Capitaine du vaisseau, ou le propriétaire de la cargaison, après avoir bien constaté le cas de relâche forcée, et l'obligation où il se trouve de mettre sa cargaison à terre, soit pour en examiner les avaries, soit pour réparer son vaisseau, soit pour charger sur un meilleur; pourra débarquer et faire entrer sa cargaison en ville, dont tous les objets seront exactement enregistrés pour être rembarqués avant l'expiration de l'an et jour, sans payer aucun droit, l'an et jour expiré, si la cargaison n'est pas rembaquée, qu'elle qu'en soit la cause; les droits d'entrée seront perçues sur la totalité et sur le pied du Tarif; ils le seront de même dans tous les tems sur les objets que le Capitaine ou le propriétaire aura pu vendre pour payer ses dépenses, ou pour autre motif, ou qui se trouveraient de moins au rembarquement.

I X.

La Douane du bord de la mer n'ayant pas un local suffisant pour loger et garder avec sûreté les marchandises, jusqu'à ce qu'elle soient vérifiées, et aient payés les droits; le Douanier ne pourra s'opposer à ce que le propriétaire les fasse enlever et porter dans ses magasins à fur et à mesure qu'elles débarqueront: sera pour cela tenu le propriétaire de remettre au Douanier, avant de les enlever, sa déclaration vraie et constatée desdites marchandises, et sa soumission de payer les droits, aussitôt que le débarquement sera fini.

X.

Toute fraude du droit de Magamé sera punie, savoir : lorsqu'elle proviendra du fait seul des Malabars, Maures, Persans, du triple Magamé, dont un tier à sa destination ordinaire, un tier à la Douane, et un tier au Trésor national, et lorsqu'elle proviendra de la facilité qu'un Européen, Métis ou Topas aurait donné au Malabar, Maure, Persans, de se soustraire au droit, en lui prêtant son nom; du quadruple Magamé, dont la moitié payée par le Malabar, Maure ou Persan, et la moitié par l'Européen, Métis ou Topas qui aurait prêté son nom, et applicable trois quart comme ci-dessus, et un quart à celui qui aura découvert la fraude.

X I.

Lorsque le Douanier découvrira qu'on lui a fraudé le demi droit, établi sur les ventes en rade et embarquement de bord-à-bord, il pourra prendre le propriétaire à partie, pour en exiger le payement, et en outre dix pour cent sur la valeur des marchandises; et si le Fermier ne prouve pas évidemment la fraude pour laquelle il aurait pris quelqu'un à partie, il sera dans le cas d'être condamné, par les Tribunaux, à une indemnité envers le propriétaire des marchandises, proportionnée au tort et retard qu'il lui aura occasionné.

X I I.

Tout Capitaine de Navire quelconque, et tout Sarangue, Taudel ou Patron des embarcations du pays, sera tenu de faire ou d'envoyer à la Douane, dans les 24 heures de son arrivée, la déclaration de son chargement, et de présenter, en partant, au Capitaine de Port l'acquit ou billet de la Douane, qui lui sera donné gratis, prouvant qu'il ne doit ni droit ni ancrage, sans quoi il ne pourra l'expédier.

X I I I.

Dans le cas où les Douaniers exerceraient des vexations non prévues par les réglemens, ou qu'ils exigeraient ou auraient exigé des droits plus fortes que ceux portés au présent Tarif, ils seront tenus au payement du double du droit qu'ils auront perçu ou voulu percevoir, et pourront

tre traduits devant les Tribunaux pour autres dédomagemens convena-
les, si la vexation est prouvée.

X I V.

Les Régisseurs en chef des Douanes ou les Préposés pour la percep-
ion des droits, ne pourront faire absolument aucun commerce par eux
meme, ni être les fournisseurs de qui que ce soit, sous peine d'être con-
lamné par qui de droit, a une amende convenable au profit du Trésor,
our la premire fois, laquelle sera augmentée progressivement en cas
le récidive.

X V.

Les permis pour la sortie de l'Indigo commun, et du coton filé et en
ourre seront donné par le Tribunal de Police.

X V I.

Les Douaniers pourront faire ouvrir et visiter, à leurs frais, toutes
alles, ballots, paquets, malles, caisses etc; pour vérifier si le contenu
st sujet aux droits et conforme aux déclarations: mais ne pourront les
Douaniers les retenir à la Douane, pour cette visite, que du consente-
nent des propriétaires, qui auront le choix, moyenant la chappe du
Douanier, de faire porter tous les objets chez eux, où ils seront visités.

X V I I.

Pour les cas relatifs aux droits d'entrée, tant par mer que par terre,
ion prévus par les articles ci-dessus et des autres parts, les Douaniers
t les particuliers auront recours et s'en rapporteront au réglemens gé-
éral qui sera fait par l'Assemblée coloniale.

X V I I I.

Les Fermiers ne pourront se servir pour peser et mesurer toutes les
narchandises, de toute nature, qui entreront par mer, que de peseurs
t mesureurs reconnus par le Tribunal de Police, jusqu'à ce qu'il en soit
utrement ordonné.

Il est ordonné aux Fermiers, ainsi qu'aux peseurs et mesureurs de ne faire absolument usage que des poids et mesures étalonés par la Police, et marquées de la chappe de l'État ; lesquels poids et mesures seront vérifiées tous les trois mois, en payant les droits d'usage à cet effet ; en cas de contrevention à cet ordre, les fauteurs seront punis d'une amende, qui sera fixée par qui de droit.

X I X.

Il est expressement défendu à toutes personnes, de quelques qualites et conditions qu'elles soient, de faire débarquer des effets et marchandises, sujettes aux droits, ailleurs que par la porte marine seulement, sous peine aux contrevenans de payer dix pour cent en sus des droits ordinaires, lesquels dix pour cent seront répartis, moitié pour le Fermier, moitié pour le Trésor de la Colonie.

Si par des cas forcés quelque particulier se trouve obligé de faire débarquer des effets, marchandises ou denrées, ailleurs qu'à la porte marine, il ne pourra le faire que du consentement du Fermier, qui en cas de refus, restera responsable des événemens que son refus pourra occasionner.

X X.

En cas de violence ou d'insultes contre le Fermier ou ses préposés, il lui sera donné main-forte, sur sa requisition, par la garde la plus prochaine, il portera ensuite sa plainte, s'il y a lieu, par devant les Tribunaux qui doivent en connaître ; et dans tous les cas il demeurera sous la protection de la Loi.

X X I.

Tous les billets d'envois de bord à terre des bâtimens particuliers, et même de ceux de l'État, seront communiqués au Fermier ou à ses préposés, afin qu'il puisse en prendre note sur le champ, et examiner s'il ne s'y trouve pas d'effets ou marchandises qui doivent les droits établis.

X X I I.

Il est expressement défendu à tous bâtimens, chaloupes, canots, chélingues et autres embarcations apportant marchandises ou effets, sujets aux droits, d'aborder aucuns des vaisseaux ni bâtimens quelconques mouillés en cette rade, sous peine aux Patrons desdits bâtimens de païer un amende de quarante roupies, et aux macouas qui ne pourraient la païer, de subir la punition de cinquante coup de rotins, s'ils ont versé de bord-à-bord des marchandises et effets qui doivent des droits, dont le Fermier ait connaissance, et puisse donner des preuves. Le propriétaire de ces marchandises païera dix pour cent en sus des droits ordinaires, pour la premiere fois, et vingt-cinq pour cent en cas de récidive; et ces droits extraordinaires seront répartis par moitié entre le Fermier et le Trésor de la Colonie.

Si cependant quelque particulier désirait faire venir des marchandises du déhors par embarcations, et les faire remettre directement à bord de quelques vaisseaux ou autres bâtimens mouillés en rade, il ne pourra le faire que du consentement du Fermier, et après s'être arrangé avec lui pour les droits auxquelles ces marchandises seraient sujettes.

X X I I I.

Les Coulis du bord de la mer, Moutecaras, de Bamboux ou autres, ne pourront porter aucun effet appartenant à des particuliers quelconques, plus loin que la Douane sans la permission du Fermier ou des préposés. Tout Coulis pris en contravention de cet ordre seront menés à la Police pour être punis suivant l'exigence du cas.

X X I V.

Quiconque fera passer des effets ou marchandises sujettes aux droits, par tout autre chemin que par la porte marine, sans une permission expresse et par écrit du Fermier ou de ses préposés, subira la confiscation de tout ce qui pourra être saisi, et en sera fait encan pour le produit en être réparti par moitié entre le Fermier et le Trésor de la Colonie.

X X V.

Le Fermier pourra entretenir à sa solde quelques Chélingues ou autres embarcations pour la sûreté de ses droits, en outre, le Capitaine du Port ne pourra lui réfuser des chélingues pour les voyages ordinaires de terre à bord des vaisseaux, et autres bâtimens etc, dont il payera le prix fixé par le Tarif.

X X V I.

Il sera expressement défendu aux Patrons des chélingues et à tous les

Macouas de porter de bord-à-bord des vaisseaux et bâtimens en rade, aucune marchandise ni effet quelconque, sans une permission expresse du Fermier, à moins que le service de l'Etat ne l'exige, et en ce cas, le Fermier en sera averti par l'Employé commis au bord de la mer.

X X V I I.

Dans le cas où pendant le cours du présent Bail le commerce viendrait à être interrompu par une guerre maritime, qui empêcherait l'entrée des marchandises, le Fermier sera autorisé à demander, par écrit, la suspension de son Bail, pour en laisser la régie à l'État ; pourvu toute fois qu'il soit prouvé que la guerre ait en effet troublé et arrêté le cours ordinaire du commerce maritime, de façon à pouvoir occasionner une perte réelle au Fermier. En ce cas, le Fermier demandera que l'on constate la suspension de son Bail, qui aura lieu du jour qu'elle aura été décidée. Et à compter de ce jour, la perception de tous les droits généralement quelconques sera pour le compte de l'Etat, et les frais faits en son nom jusqu'à ce qu'après la guerre on la rende au Fermier, pour lui laisser achever le terme de sa jouissance, tel qu'il est fixé par le présent Bail.

X X V I I I.

S'il arrivait que pendant le cours du présent Bail l'on fut obligé de retirer au Fermier la perception des droits d'entrée sur quelqu'un des effets ou marchandises qui y sont sujets, le Fermier sera autorisé à demander une diminution sur le prix de son Bail, proportionnée aux domages qui en seront résultés pour lui, en conséquence, il aura soin de constater par un état exact la quantité des marchandises affranchies qui seront entrées par mer ou par terre, à compter du jour que la franchise aura eu lieu, à cet effet il sera autorisé à prendre note et déclaration de toutes les marchandises affranchies, qu'aucun des particuliers, à qui elles appartiendront, ne pourra lui réfuser, sous quelque prétexte que ce puisse être. Il présentera le résultat des quantités de marchandises affranchies qui seront entrées, afin qu'on puisse statuer sur le dédomagement qui lui sera dû.

XXIX.

Si un mois après l'expiration d'un des termes de ces deux Fermes le montant de ce terme n'a pas été payé par le Fermier ou leurs cautions, les Baux en seront résiliés, sans que lesdits Fermiers ni leurs cautions puissent prétendre aucune indemnité ni dédommagement, et ce deux Fermes, ou celle qui serait dans ce cas, seront remises à l'adjudication, à la folle enchere des Fermiers et de leurs cautions, et à leurs risques et périls pour le tems qui restera pour completter les trois années de la présente adjudication.

Vu et arrêté par nous Commissaire ordonnateur à Pondichery et de tous les Établissemens français dans l'Inde, conjointement avec MM. Blin, Contrôleur à Pondichery, J. B. F. de Bury et Collondont, Commissaires nommés par l'Assemblée coloniale.

A Pondichery le 27 Décembre 179·.

Signé MOTTET.

Approuvé par l'Assemblée coloniale de Pondichery. *Signé* PIERRE COULON *Président*, et COLLONDONT *Secrétaire*.

COLONIES.

PONDICHERY 1792

FERME DU TABAC ET BÉTEL.

Clauses et Conditions convenues pour la Ferme du Tabac et Bétel.

ARTICLE PREMIER.

La Ferme de Tabac et Bétel sera donnée pour l'espace de trois années, qui commenceront à courir le premier Janvier mil sept cent quatre-vingt treize, et finiront le trente-un Décembre mil sept cent quatre-vingt-quinze, les payemens de cette Ferme seront faits par le Fermier en roupies de Pondichery, entre les main du Trésorier de la Colonie, en quatre termes égaux de trois mois en trois mois.

I I.

La culture du Tabac et Bétel, leur exploitation et vente seront libre désormais à tout le monde, même à l'adjudicataire de la Ferme, en payant au Fermier les droits ci-après fixés.

S A V O I R :

Un fanon un quart par chaque paquet de Bétel de mille feuilles.
Trois fanons par chaque touque de tabac, ladite touque de trois livres et demie.

I I I.

La perception des droits ci-dessus désignées aura lieu à Pondichery, et dans tous les Aldées, d'Archivac, Ariancoupan, Charonne, Pacamapete, Pondoupaleon, Ollandé, Allancoupan, Mourougapacom, Calapet et autres petites Aldées dépendantes de ces Chefs-lieux, qui forment le Territoire de Pondichery, ainsi que sur le Tabac et Bétel du crû des susdites Aldées.
Le Tabac et Bétel seront exempt du droit de Magamé comme par le passé.

I V.

Le Fermier ne sera nullement troublé dans l'exercice de sa Ferme, par les Fermiers des droits d'entrée par terre ni par mer. Les Jonkaniers auront seulement la liberté de visiter les paquets, déclaré comme Tabac et Bétel, pour voir si sous prétexte de faire entrer ces paquets, on ne ferait pas entrer, en fraude, d'autres effets sujets aux droits.

V·

Les Tabacs de toute espece, et de quelque lieu qu'ils viennent payeront au

Fermier les droits d'entrée ci-après ; savoir, celui en feuilles, en carottes ou en chiroutes, trois fanons par touque de trois livres et demie, et celui en poudre cint pour cent sur la valeur réduite de vingt pour cent sur le prix courant de la place, à l'exception de ceux d'Europe, ou des Isles de France et de Bourbon ; pourvu toute fois qu'ils soient apportés par des bâtimens Français.

V I.

Le Fermier aura la liberté de visiter les malles, coffres, Pallaquins, et voitures qui entreront en ville ; et s'il trouve du Tabac et Bétel en fraude ou non déclarés, la marchandise sera confisquée et vendue, la moitié du produit de la vente sera au profit du Fermier, et l'autre moitié versée au Trésor de la Colonie.

V I I.

Toutes contestations entre le Fermier et les Propriétaires, pour faits de fraude et fausses déclarations, entrainant confiscations, seront por-tées aux Tribunaux, et jugés somairement.

V I I I.

Dans le cas où le Fermier exercerait des vexations envers qui que ce soit, ou qu'il exigerait ou aurait exigé des droits plus forts que ceux portés au présent Bail, il sera tenu au payement du double du droit qu'il aurait perçu ou voulu percevoir, et pourra être traduit devant les Tribunaux, pour autres dédomagemens convenables, s'il y a eu vexations de sa part.

I X.

S'il arrivait qu'à la troisième criée et adjudication de la présente Ferme, les offres et encheres ne montaient pas au prix qu'on doit en attendre, elle sera de suite criée et adjugée au conditions portées au Bail précé-dent, du mois de Décembre mil sept cent quatre-vingt-neuf. Sauf les contestations qui pourront survenir entre les Fermiers et les contribua-bles, lesquelles seront toujours portées aux Tribunaux.

Aussitôt après l'adjudication définitive de la ferme du Tabac et Bétel,

si elle est adjugée à tout autre qu'à l'ancien fermier, ce dernier sera oblig
de faire faire, en présence du nouvel adjudicataire, un récensement exac
de ce qui restera du Tabac et Bétel dans le magasin de la ferme, et
lui sera libre de le vendre au nouveau fermier, au prix qu'il lui revier
dra rendu à Pondichery, y compris tous les frais, ou de la garder pou
son compte, en payant les droits audit nouveau fermier suivant le tau
fixé par le nouveau Bail.

Dans le cas où l'ancien et nouveau fermier ne s'accorderaient pas er
semble, soit sur la qualité, soit sur le prix du Tabac et Bétel, qui reste
rait invendu et en magasin le premier Janvier mil sept cent quatr
vingt-treize. Leur contestation à ce sujet sera mise en arbitrage.

X.

L'Adjudicataire ou Fermier sera tenu de donner, aussitôt l'adjudica
tion, bonne et valable caution pour la sûreté du prix auquel la ferm
lui aura été adjugée, laquelle caution sera solidaire dans sa personne
dans ses biens, pour le payement du prix de l'adjudication, au cas qu
le Fermier manque à son engagement.

X I.

Si un mois après l'expiration d'un des termes de ladite ferme, le mon
tant de ce terme n'a pas été payé par le Fermier ou sa caution, le Ba
en sera résilié sans que le Fermier ni sa caution puissent prétendre au
cune indemnité, et ladite ferme du Tabac et Bétel sera remise à adjud
cation à la folle enchere du fermier et sa caution, et à leurs risques
périls, pour tout le tems qui restera pour completter les trois années d
la présente adjudication.

Vu et arrêté par nous Commissaires ordonnateur à Pondichery et d
tous les Établissemens français dans l'Inde, conjointement avec MM. Blin
Contrôleur à Pondichery, J. B. F. de Bury et Collondont, Commissaire
nommés par l'Assemblée coloniale.

A Pondichery le 27. Décembre 1752.

Signé MOTTET.

COLONIES.

PONDICHERY 1792.

FERME DU DROIT D'ÉTALONAGE

Clauses et Conditions convenues pour la Ferme d'Ètalonage.

ARTICLE PREMIER.

La ferme de l'Étalonage sera donnée pour trois années consécutives, à commencer du premier Janvier mil sept cent quatre-vingt-treize, jusques et compris le trente-un Décembre mil sept cent quatre-vingt-quinze.

Les payemens de cette ferme seront faits en roupies de Pondichery, entre les mains du Trésorier de la Colonie, en quatre termes égaux de trois mois en trois mois.

I I.

L'Adjudicataire ne sera que receveur des droits ci-après détaillés, qu'il est autorisé à prendre annuellement sur les poids et mesures qui sont présentés à l'étalonage.

SAVOIR:

	Fanons
Par chaque marcal de dix mesures	5
Par chaque dito de quatre dito	2
Par chaque double mesure	1
Par chaque mesure . . . . , . . .	demi,
Par chaque demie mesure . . . , . .	un quart.

Par chaque quart de mesure .   .   .   .   un huitieme.
Par chaque huitieme de mesure ou magani .   un seizieme.
Par chaque serre pour l'huile .   .   .   un quart.
Par chaque demie serre .   .   .   .   un huitieme
Par chaque quart de serre .   .   .   .   un seizieme.
Par chaque huitieme de serre .   .   .   .   un trente-deuzieme
Par chaque poid, grand ou petit, depuis 50 livres
   jusqu'à un quart de pagode   1
Pour les poids de romaine à la mode du pays   1

I I I.

Le droit d'étalonage n'étant qu'annuel, le fermier ne peut l'exiger qu'une seule fois par année, quoiqu'il soit ordonné par l'article XVI du Titre II des derniers réglemens de Police, du dix-sept Décembre 1790, à toutes personnes qui se servent de poids et mesures, de faire étaloner leurs poids tous les six mois, et leurs mesures tous les trois mois.

Si le fermier était convaincu d'avoir exigé plusieurs fois, dans la même année le droit d'étalonage sur le même poid ou la même mesure, il sera condamné à une amende, qui sera fixée par qui de droit suivant l'exigeance du cas

I V.

L'Ajudicataire de la ferme de l'étalonage, ne pourra être réputé fermier qu'après avoir présenté une caution bonne et valable, et qu'elle aura été acceptée, laquelle caution sera solidaire dans sa personne et dans ses biens pour le payement du prix de l'adjudication, au cas que le fermier manque à son engagement.

V.

Si un mois après l'expiration d'un des termes de ladite ferme, le montant de ce terme n'a pas été payé par le fermier ou sa caution, le Bail en sera résilié sans que ledit fermier ou sa caution puissent prétendre aucune indemnité, et ladite ferme sera remise à adjudication à la folle enchere du fermier et de sa caution, et à leurs risques et périls, pour ce tems qui restera pour completter les trois années de la présente adjudication.

Vu et arrêté par nous Commissaires ordonnateur à Pondichery et de tous les Établissemens français dans l'Inde, conjointement avec MM. Elin,

Contrôleur à Pondichery, J. B. F. de Bury et Collondont, Commissaires
nommés par l'Assemblée coloniale.

A Pondichery le 27 Décembre 1792.

*Fait et arrêté en la Chambre du Conseil Supérieur de Pondichery,
le neuf Janvier 1793.*

Scellé

DE CHAUGY

*faisant fonction de
Procureur général.*

Collationné

MARCILLY

Greffier en chef.

A PONDICHERY

De l'Imprimerie Nationale, 1793.